The Fish

o

La otra Oda para la Urna Griega

MUSEO SALVAJE
Colección de poesía
Homenaje a Olga Orozco

Homage to Olga Orozco
Poetry Collection
WILD MUSEUM

Essaú Landa

The Fish
o
La otra Oda para la Urna Griega

Nueva York Poetry Press LLC
128 Madison Avenue, Office 2RN
New York, NY 10016, USA
Telephone number: +1(929)354-7778
nuevayork.poetrypress@gmail.com
www.nuevayorkpoetrypress.com

The Fish o la otra Oda para la Urna Griega
© 2023 Essaú Landa

ISBN-13: 978-1-958001-90-5

© *Poetry Collection*
Wild Museum 55
(Homage to Olga Orozco)

© Publisher & Editor-in-Chief:
Marisa Russo

© Editor:
Francisco Trejo

© Blurb:
Luis Rodríguez

© Cover Designer:
William Velásquez Vásquez

© Typesetter:
Moctezuma Rodríguez

© Author's photographer:
Ruber Osorio

Landa, Essaú
The Fish o la otra Oda para la Urna Griega / Essaú Landa. 1ª ed. New York: Nueva York Poetry Press, 2023, 134 pp. 5.25" x 8".

1. Mexican Poetry   2. Latin American Poetry

All rights reserved. No part of this publication may be reproduced, distributed, or transmitted in any form or by any means, including photocopying, recording, or other electronic or mechanical methods, without the prior written permission of the publisher, except in the case of brief quotations emboied in critical reviews and certain other non-commercial uses permitted by copyright law. For permissions contact the publisher at: nuevayork.poetrypress@gmail.com.

aMarianaMarMariana

dijo Aquiles: quiero ser Aquiles
Nada Eneas, Gayo nada grita, solo muere
nunca quiso Aquiles ser Aquiles en el inframundo
de la sal y de la nieve nace el mar y llueve
liebres zigzagueando siempre
liebres zigzagueando siempre

*Who hath desired the Sea—the sight of salt water
       unbounded—*

I speak about my sea
and the many me's who drowned
mind
the ship
the sea is myself unbound

THE FISH

sink
and talk in every language of the cameras and
            flashes
image populated by the kites and fireflies and
            marshes
light a cigarette and you are the ashes!
boulders, boulders, lift yourselves a pillar!
every stone in camouflage of lizards
drinking brandy for the blizzard
every photograph expresses:

look at our universe
unceasing

every stop is an illusion
every moment life's starting
every image in this life is camouflage

Look, an empty can with money!
all things new like honey
there's a poster of an inner child that's missing
we don't see (again) the all again all over
an again that has been aging in the bottle
aging, rusting like a poor man's kitchen
and his kidneys in the bar collecting stones
for the brave new world is made of freebies...
            and the loans!
and minerals and bargains:
diamonds as new as coal,

fresher, cheaper
slavery-reeking clothes

Yet the warrior asked a man with honor:
"Bury me in Wounded Knee!"

Yet I begged you: "Bury me, bury me
between the moon-lit pond and the
        stupid-looking tree."

> We are the beach, the tiny pebbles
> have some tiny faces, tiny features, tiny races
> you are the face which is no face
> Are you, parrot, talking to the off-recorder
> of existence?
> a feast of gestures and a nomad
> you are the art of Brueghel and the monad
> you are *the* wave among *the* waves
> you are a lamp in all the years of lightning

"Clap or thunder," sighed a woman dancing,
the hummingbird was humming and the lantern
 flashing,
 hushed by birds but kept on speaking, hushing her
 true wishes,
"Where's your old young face, old Wally?
Where's your body seated? in the crowd or on the
 benches waiting?
Where d'you lie among the towels, among the
 loungers?
Is that your face on top of the sand castle?
A mountain on top of a mountain, body of salt,
 a heap of life that's waiting to be shoveled…
Wally, in that sense, we are always waiting…
 Do you think your life's better than my turtle's?,"
and an irritated bird plucked out her nose.

Wally answered to himself, while playing
checkers:
"Oh, the grain contains the mountain ranges...
every stone contains a city...
and a city is made of blocks

you blocks, you stones, you worse than senseless things!

a city is made of lust
and we the dust, and we the rivers
the city is blind! the city is blind!
the night is lusting after sight
and shivers
man inventing fire!
 light your match, the city is craving power
dark addiction
fences, banks, and builders called ambition
and the drug is this electrical obsession
heads like damaged engines, throbbing
sobbing broken, painful kittens
we took pity on Heavy Moe, the wound-addicted
       cynic
we took pity on mouldy Jack, the bigamist or Mr.
       Twice
Mr. Just-two-times-(andnot-a-dime),
       Mr. Vodka-(with-a-coupla-tearsof-lime).

                         We co-founded our city
                with a heart that's yours and mine

what a life of monstrous frolic!
mobs and gold and the police are always eating
jobs are keeping people behind bars

                we that played the joy-addicted sessions
                      we the joy-addicted felons
   love, the city loves to play, and we were playing
   love, the city loves to dance, and we were dancing
            love, the city loves to gamble
           we ate a song and sang some pizza
                     "We the eaters
              we the dust and we the rivers

            in the rain, the catfish ate the trash
in the rain, the catfish ate the dust and mash
               we pinocchio fireflies
we were eaten by the bass."

            love, the city is love-addicted, love
              the heart is woe-addicted, love

You, blocks! the city is made of dust
            and dust is made of blocks
stones and other worse than senseless things
we are but gravel and a cake of snow that's melting
in the face of our father's birthday

"They say that life is water," said a fish, its head
        observed me
watching life behind the fog and yelled:
"Go yonder! Phoenix found a nose inside the
        plunder.
Hide your face among the pillows!
Find your bones beneath the willows!"

"Man, o man, I found petroleum!," then I saw the
        fish-man laughing.
    O, the fish is looking with an eye of sorrow
(yet aloof) and said goodbye with mispronounced
        nostalgia…

  Good-bye, fish! In the land of fish, are you either
        hamlet or kinglear?
        but whose face does really matter!
nothing but a hommage of repeated daggers
clatter, theft, and banter, lies, and many words
        which end in -atter
streets, and orchards, bleeding swords, and heaps
        of caskets
faces in the book of faces are either like balloons
        or targets
the sun shatters like a glass of wine on our carpet
the horizon always in your pair of glasses
                lovely seagulls…

A grain of fat, of flesh, a flash of vapor,
muscle, bone, a pair of eyes extending like a
      kraken...
nails, skin, and hair, the nerves!
bleak December with no presents from the elves!

                          Beyond beyonder
                the sea has many names
                        and wonders
                          what are we?
a sea of shells and cells and bombs and atoms?
      the sea has many legs and arms and talons
is an octopus a water-neuron? is a galaxy another
                          type of neuron?
      telescopic, microscopic brain, and which
                          the bigger
                          big or little
                        understanding
            in the drought, we are drowning
        in the very sea contained in our crystal
        we were dropped, and we were swallowed
              for the sea has pits and shallows
              many mouths and many tunnels
              many rats inside the funnel
    you are the cave, and you are the shadows
    you are the match, and you are the gallows!

Art ambition

A   R   T   distraction

NOW YOU SEA!

Bury me, bury me
between the moon-lit pond
and the stupid-looking tree

/ **UNOS VERSOS AL AMOR CUANDO GALOPA**

el tornillo cotidiano no se mueve
se tatuó barrotes prisionero   su espiral helada
otro clavo y el febril martillo
otro alguien en el yunque del suplicio
hay un pez que nada en el jarrón
su tiempo paralítico museo
duerme el río perfecto en nuestro vaso
huye, pez, que el mundo te ha tomado la medida
te agarraba la cintura, te agarraba el brazo
huye, pez, que el mundo te anegaba en la pecera
mira al pez que nada para siempre en una foto
en qué gruta o en qué fuente descansó tu lirio?
ruiseñor ruiseñorea y sube con su moto
hasta los picos
sube con el cuerpo blando el río
cuerpo blanco ay de sueva trae la luna llena
vórtice de esporas o una ceiba
yo te vi crecer del aire
tienes las guedejas de un baniano
tú eres selva donde yo me pierdo
yo te dije: negra yo te dije: selva
y en la tierra me encontré tus rastas minerales

(CÓMO OLVIDA)
                              entre cristales
su reflejo
                    que el otro betta es luchador de río
la hermosa cabellera
                    a pie lodoso
el otro está excluido
de la lucha a muerte con su doble
(está en la esfera)—(salvación o su martirio)
                    a muerte con él mismo
 duele el cuerpo cuando el ego
                    no rendido
muere adentro de su propio mar
perdido

con sus peces y sus ranas y sus meses
enterrados
pájaros tejiendo el manto de la órbita celeste
con agujas sonarán las piedras trepadoras
sobre las semillas de pasión
el hielo que entorpece a los ancianos
el invierno pánzer ha matado algunos niños
caen periódicos en pájara parvada muerta
en tropel, helados caribúes nos comieron las
        raíces
los sabuesos nos mordieron la nariz y las orejas
una foca que me abraza con su hígado en la boca
        y me lo ofrece
pero lírico y mortal mi amigo enciende su fogata
respirando fuerte y alquimiendo el mago
saca del sombrero su estudiada risa
me enseñó unas fotos:
En la vida a ti te dieron a servir papel y focos!
preferí no contestarle, mas me dije:
Bebo el agua porque tengo aquí unos versos
        calentándome la boca
escribí los versos en mi palma
en mi boca: la ceniza y un cigarro
traigo flechas pero no mi arco
tengo mi timón pero no el barco
traje mi violín y soy quijote y sancho
soy un libro de silencios enhilados

los ojos de mi venada
son el mar de noche
dos espejos ilegibles
como un mar bajo la lupa
ojos como dos mitades
 de un planeta indescifrable

son el mar y el mar

mitades, misma cosa

un volcán que explota y dice *basta*

al mismo tiempo

escritura de hondas grietas
yo era obvio como la pared cuadrada
mas tus ojos se cuajaban de otra luz
te habitan soles que te alumbran diferente

un encierro como el bronce firme
pero si escapar del otro toro
ese que persigue por el agua cisne
tómate un avión y vuela
tú me alzaste el arco como ceja
tu me alzaste el cuello torre marfileña
sal del velo, engástate de luz la cara y no de miedo
tienes ese gesto que separa y junta el médano y
        la duna
nada más recuerda que tu cuerpo es contratiempo
vidrio río espejo de la piedra fluye
el tiempo como el mar es agua que sacude
me enseñaste un par de alas tornasoles
y de sombra
sombra que multiplica sombra
pierde el astro que te perseguía

eres sol y por el agua sierpes

eres luna y por el agua signas

luego el mar al cielo vuelve

luego el cielo al mar regresa

                copo cielo copo

                    rayo que mastica

                        que lo masifica

                  de azuloso, caudaloso

                      pero no se mueve

        ángel se columpia entre las copas

          transparente luz que baila

pero no se mueve

cruje el paso angosto
la persigue diana
era diana persiguiendo la saeta
vuela dardo ¿o era un dado)
por el cruce de su ceño blanco
por el cielo blanco va su frente
de aire siempre hambrienta
cierzo que hace nido
breve en tus pulmones
pues de ti no quiere irse
pues de ti no quiere
despedirse

eres ráfaga y cometa
a tu paso el gorrión en el baldío se quema

y en tus ojos carros y caballos muy lejanos
vas allá donde la cima del país se vuelve cicatrices?
donde tiene el mundo el fiero diapasón cautivo?
donde el fuego como hiedra nos envuelve
y te empiedra
la sangrante catedral de la ceniza

vuelve a levantarse espuria ay como la dicha
la milonga y el aliento atroz de los cobardes
cuchilleros

yo me aferro al libro
como náufrago a la boya
hay soldados que salvaron bien la vida pero no la
        honra
tienen el olor ausente como el humo de las armas
        que jamás tronaron
mi venada, bebe tu agua y vete
nuestros ojos han mirado por la honra
hemos defendido las murallas!
Bruto no batalla: solo piensa
pero el escarpado corazón de Automedón
divaga
cuida a los caballos pero no al amigo
luego azuza los caballos
va tan cerca del ardor mas no se quema

porque el cuerpo es una patria
ora corazón en llamas ora corazón embravecido
y el puyazo
bulo estabulario que consume a nuestra patria que
    se jode
que se jode bajo el sol que espina los talones
bajo el sol que nos tiraba el odio como brasas a
    los ojos
nos tiraba el odio como el toro que al morirse
    mira a su torero
la patria, ya al final, miraba al pueblo

ora corazón en llamas ora pecho ensangrentado
y la estocada
bulo estabulario que consume a nuestra patria que
    se jode
que se jode bajo el sol que espina los talones
bajo el sol que nos tiraba el odio como brasas a
    los ojos
nos tiraba el odio como el toro que al morirse
    mira a su torero
la patria, ya al final, miraba al pueblo

ora corazón en llamas ora pecho malherido
y el olvido
bulo estabulario que consume a nuestra patria que
    se jode
que se jode bajo el sol que espina los talones

bajo el sol que nos tiraba el odio como brasas a
    los ojos
nos tiraba el odio como el toro que al morirse
    mira a su torero
la patria, ya al final, miraba al pueblo
y, por lo bajo, maldecía

que hoy el cuerpo es una patria caída
que escribió con sangre
y, por lo bajo, maldecía

ora pecho ensangrentado, ora corazón cansado
suerte de persignación!
que calla y no despiertes
que las oyes ya bajo la tierra
sin oídos
 ni bocas
ni sueño
las cuencas vacías
preñadas de mujeres las entrañas del olvido
sin su alma
 sin su lápida ni nombre
 como las raíces putrefactas
pero clavan bien las uñas en el lodo
gemebundo
aullido en la composta
 calcinado por el ácido silencio
no lo escuchas?

oyes el cañón borracho contra el pecho de tu madre?
esta patria tiene el corazón un mausoleo
siente su tumor de puro llanto!
todos los días pasa ese camión-carroza
 transportando un cuerpo al basurero
basural puntual como el Senado

en tu casa crece el algodón de azúcar como las hortensias
apurando el trago en los brindis del champán impune
no desoigas el silencio manantial de los osarios
mientras beben bilis los cuchillos
y la mosca que eclosiona de los cuerpos cenotafios
de su identidad perdida
bébese la flor abierta en la garganta como un lirio
mi patria que en canal abierta por la boca sangra
palabra por palabra entre los brazos de reloj del noticiario
por sus muchas bocas se desangra
por sus úlceras gritando palpitantes campanillas
el intestino del político embutido de merengues y jamón serrano
pero en este pueblo hay cólera y exceso de esperar en el pasillo

persígnate antes de las votaciones y antes salir de
    casa
(aprende a no tentar la suerte y llénate las bolsas
    de pavor patriota
porque el miedo no anda burro!
que Caín mató a su hermano! mexicano cuídate
del mexicano! porque en este pueblo hay cólera y
    exceso de esperar en el pasillo
marginemos las piorreas!
esa pus lentita que se va esparciendo como
    estiércol en las tripas va escurriendo
    en cruz
cómo va doliendo el matadero de las vacas!
pero más el hospital, un rastro de la raza de
    bronce
una cruz en las banquetas
mi patria de canales—y en canal abierta—
siempre aflora cempasúchil los noviembres

ora corazón sin pecho
y el puyazo
bulo estabulario que consume a nuestra patria que
        se jode
que se jode bajo el sol que espina los talones
bajo el sol que nos tiraba el odio como brasas a
        los ojos
nos tiraba el odio como el toro que al morirse
        mira a su torero
la patria, ya al final, miraba al pueblo
y la patria, ya al final, miraba al pueblo

corre, niña, por los setos
niña cuyo grito nos desgarra el cielo
llevas un silencio de cachorro
entre charcos vas pisando ranas
con la lengua helada
esos sapos van cercando tus tobillos
amazona, viking o gitana
no te aprehenderá el pedestre río de dedos rotos

limosneros oros
eran sal de soles en tus piernas de tornado
lento
unos peces nadan orbitando tus tobillos
son ajorcas y nostalgias de un imperio ya olvidado
y nosotros, alfereces niños, nos pegábamos al
muro
viéndote venir como una vela
y nosotros quietos como una isla muerta

nada hará el espejo
si tú no te asomas
el espejo dice que él en ti se ahoga
el espejo dice que por ti se quiebra
si le avisas, no soportará la huida
no soportará tu despedida

en otoño servirán al cuervo los cádaveres señores
y las nubes comerán las plumas
y los cerdos pacerán las flores
los cometas comen nubes
y las nubes comen soles
que las muges vacan
que los parpos patan
y los llores saucan
por el campo ya tu claqueteo se oye
tras de ti los toros traen pájaros y bojes
Dónde están, Alicia, tus dragones?
y le dijo: Genserico, dónde están tus perros?
me emociona imaginarte en tu vagón vagando
que tu puño lleva ya esas letras
y las aves ya tu pensamiento
verte la sonrisa pasajera y sin boleto
una niña come el mundo y y no lo paga
abre la ventana
mi venada va de paso
pacerás mi corazón y pisarás el pasto

nuestro cielo se estrelló la copa
vino en las almohadas
sangre en nuestra boca
este mar no tiene aletas
esta cama ya sin mí   será mi cenotafio

has perdido el rumbo de tu crisantemo?
dónde están tus alas y tus nubes?

qué lugar común: las islas
islas de café, su náufrago y sus nubes

monarca que no acepta baldaquín ni reino
eres galgo corazón que huye
tras las mínimas sentencias sensoriales

yet another ode

might please you

   the happier I've been

   the sadder the texts I've written

                    bamba-ra

bam-bara

Bámbara   me dejas darte un beso?

Are we playing, love!

    Oh, happy!

        NAH!

That's dull, I better shoot *un beso*

    of

DUCHAMPIAN verse

clairvoyant!

Is that funny, love?

More happy, happy, happy love!

un-happy for the sake of

~~(literary)~~

"Beauty is truth, *truth beauty,*

—that is all"

And mistily your tootsie lips are

moisty

tootsie red and sugar-coded

coated with a reckless sound of hum

    mingbirds and bangers!

KNOCK, KNOCK, KNOCK

Who is this? I'm the Urn; I'm the

    Hour.

Urn of all departed poems, Hour of

    the long forgotten verses.

O, sea-shanty, lidless monster!

Love endures and drowns

it will rise like clouds

above the clouds

the sun was cold like Cupid's arrow

childish bow and toxic arrow

burnt us to the bone and marrow

Iride marina a los amores

    posmodernos:

When the sea is blood is both the

    sunset and the dawn

tie a tie around the necks of poets by

    their hands strangled

dress them with the filthy suit

(dissatisfaction)

ease their throat with seltzer,

melancholic gargles

throw them off the ship

with their rubber duck and their

long-forgotten marbles

see the sky, the lovebirds and the

gargoyles

see the fallen eyes

see the sea, the fallen sky

bright, starry

lovers with stars like polished flies

see the fallen eyes

undearneath

the scars

scarred, scarry skies

summer memories entwined

and sacred like a shrine

where lips do what the hands of

pilgrims do…

a rose still is the thorn without a

reason

and the thorn is blood without a

murder

and blood is blood

and none the object of derision

O, Juliet!

Where art thou, Fiend?

O Juliet!

Say the name! Your lover's name

is ne'er truer.

SHOOT ME IN THE HEAD!,

she yelled,

I am not the son of William Tell!

WHY THE POISON?

WHY THE DAGGER?

Isn't death for love what you desire?

despreciabas con el corazón
las flores
hierba libre de tu pensamiento comes
son tu pasto las estrellas
y tú eres para ellas
la estrellada noche

emboscado bosque
monta el monte
la venada escribe el mar cuando galopa
viento: movimiento
ríe río
delirar de lirios
que son platos para sapos
hay que sopesar la sopa
estrellar el horizonte las estrellas
otro ruiseñor ruiseñorea los ríos
señoreaba por los árboles la alondra
chíflale unos versos al amor cuando galopa
con las alas de aire el río escalaba
por el río del aire chapoteaba
río que sube con pequeñas manos la montaña

trovador en el incendio
idiota

eras un idiota pero no te odio

son litografía del tiempo tu mirar cañada
y tus manos
y tu frente
yo te quiero aunque me escupieras cada vez que
        hablabas

                éramos hermanos lobos
                éramos amigos perros
                pero tú ya no te acuerdas
                pero tú ya no te acuerdas

tiene enojo comisario, la mirada capataza
y una estrella prisionera en cada ojo
rea de luz, la estrella
rea pesada la mirada traicionera
no fue la conciencia sino la mirada
de la flecha sobre el muerto jabalí
la que chillaba
¿es por eso! ¿no volteaste a verlo! ¿para no
    salvarlo!
quieres un café? chillaba el jabalí en la estufa

tú callabas como un grito de piedra

tañedoras
cítara y la flauta
luego al río le crecen alas
río de frío
su alucine de volar detiene
flotan sin moverse casi
grises
como azul donde las naves cantan
como negro donde el río se pierde

chirlobirlo alucinando fetiches
naufragando

                    pájaro temblón

                    y no te mueves

violinista en el naufragio
idiota
eres un idiota
pero no te odio

nada hará el espacio
si no hay verso que lo ocupe
eres un país que trae el gesto pájaro y perdido
insondable y turbia
sed de arena muy caliente
dromedando
para remojar la lengua
con la niebla que nos quema las cortinas
niebla que nos arde en las cortadas
tienes la mirada oblicua
y el viscoso temporal de los mosquitos

sol lunar de pálido camello
ves la luna
fruto de otro árbol que no vemos
pero existe
 es un árbol que en verdad se mueve

y te dije: paila

cala el ojo y no se paila
paila pero vuelve
pues bailaste
no se paila que bailaste
alas extendidas

en los arcos
tan simétrico y mudéjar
es tu rostro

una fuente de rumores
esculpida
pero inmóvil
que a la par besaba
un rostro arduo y de color camello

trashumar la ojera blanca
trashumando
                              no se acendra
chapoteaba
transparente
como un ánima cachorra

ánima o cachorra
de una negra edad que burla
cicatrices

cabrilleando sigue
sigue una libélula o un ángel

que cabreaba el ojo
que abre y mengua
de su insomnio esclavo

que burlando el sueño
canturreaba
en esa lengua traicionera de los barcos
barbotaba su jabón en las heridas
río mercurio, la amalgama espuma
caracol en esa negra sal de tu silencio añejo
vino tu silencio viejo
         espejo de la luz
        en el costado de los toros
vino
la estocada al sol
que nos quemaba las raíces
ya no crecen
ya no crecen casiopeas al fondo

tienes la mirada de un volcán en medio de la nada
y unos pájaros

te dije que enterré la espada pero no el recuerdo
y te dejé la foto de ese río que jugaba a no
moverse

y era nuestro

pero rompe el vaso que pretende contener la luna

vidrio oír oír, cosecha canto
    parabrisas rompe en llanto
        llora llora su martirio de horizontes claros

paila pero no se paila
tanto cala tanta el agua

y en la flama la oquedad naranja
y en la flama la oquedad naranja

mírame en el otro sideral ensueño
hambriento tras cristales perro
y ese dedo de los locos te atormenta
te prefieres un halcón colgado del ramón del
        humo
te prefieres un ostión mirando el guiño cruel de
        los limones
te prefieres la langosta en su granate hervor de
        torturante lujo
perro corre entre las fauces de los autos
dientes de ciudad que no se compadece
el camión de la basura nos devuelve un cuerpo
todavía caliente

nos despierta de calor la almohada
despertar en el incendio que no existe
pero sientes del calor, las llamas
en los ojos que subyacen en los ojos
la ventana tu reflejo la escafandra

nos araña
este sudor de tétrico zumbido
nebulosa o red
la noche es un castillo
cuelga de su hilo
la galaxia tiene muchos ojos

jaula de ámbar
aire enzampoñado
cántame, canario
       pordiosero
fósil de su propio canto

oxidado, de tu continente al mío
no distingo si la herrumbre me enrojece el pelo
si es la herrumbre de la banca que te espera
o si era mía que también te espero
si es el hierro o el ocaso lo que veo
si es la herrumbre lo que me enrojece el pelo

oxidado, de tu continente al mío era un bosque o
 solo un puente

negro, tan lejano y occidente

negro prado donde Orión cazaba con sus perros

      tienes ojos donde pacen los cometas
     los señalan con las manos muertas
dos estrellas que se hundieron a beber los charcos
    de la leche se hace sal y nieve
    nos contaba un griego a los troyanos
    el tiempo que lamía las flechas languidece
    coman vino y beban grano
  los cometas los ordeñan los bucólicos romanos
del pasado, del futuro nace su presente
    afrodisiaco
ha caído la ciudad, un solo pato!

el camión de la basura nos devuelve un cuerpo
todavía caliente

En la escuela me encontré a Casandra
que anotaba lo que nadie va a creerle:
Cuídate, narciso, que tu cara es tu cuchillo.
Cuídate, monarca, de tus hijos.
Yo me cuido, dice el cuervo, de mi negro pico.
No podrás ganar ganar camino!

sombra que tropieza perro
un imán encadenado al yerro
no eres otra cosa que carnaza
un venado con la sombra pesada

sueño sismos
tú el telúrico epicentro siempre

en mi sueño vienes disfrazada de venada y arco
pacerás mi corazón y pisarás
el gualdo y arrugado mi metal de antaño
moho en el agua
ves sangrar la boca del venado
a medio sonreír les ves languidecer de miedo
qué tenaz gaviota brilla por su pardo y solo sueño

de este cazador cazado
no te compadezcas
por el puro vicio de compadecerte

se encontró en la almohada
las espinas
para envenenar los sueños

desde arriba vio este cuarto
pánico y lunar
la Tierra   jitanjáfora gitana piedra
                         reverdece el bosque
             reverdece
      reverdece
libre su reflejo

libre
baila el cielo
abajo de los cisnes
en su lago de hierro

reverbera el toro.   mar   y rojo
es un músico bestial que está muriendo
su bufido quema
un incendio de guitarras que atraviesa
las entrañas crudas de los zopilotes

en la plaza canta un sapo o una piedra
que bebió las aguas, que purificó el aljibe
águila revienta los cristales con su canto
y la niebla se craquela espanto
el sapo se petrificó en las aguas
Y eso no era un canto de águila, me dijo
era un llanto de vaca o era un llanto de niño

otro sol lunar de temporal paciente y blanco
con honesta palma me saluda
sobreentiendo la sonrisa loca
sin abrir los ojos, sin mostrar los dientes
sin cerrar la boca
vienes hoy de blanco, hoja blanca y mientes
y el acaso me clavó una flecha en cada ojo
el acaso me llevó a comprar un lazarillo cojo

no eres tú eres la que cuidé y que me cuidaba?
tienes nieve en esas manos de pastora
ordeñabas astros
te escribieron vino y grano los bucólicos romanos
qué solaz de invernadero triste! esta primavera
       flaca!
solamente flores blancas
pero acá el amor se engolilló como Cervantes
el amor nos cambia el guante
es Aldonsa Dulcinea, el amor que maniquea
 el amor nos cambia el nombre
era un hombre a la nariz de una mujer pegado
quevediano! quevediano!
un rosal te hará el regalo!
entre todos los rosales, no encontré tu crisantemo
pero así, entre rosa y rosa, que la reina escoja!
tienes, luna, la sonrisa pecadora
trajo Orión a la cintura tu listón, meteora
andas por las nubes de montaña y leche
traes las nubes de sombrero
y en el cuello la bufanda es nieve

tienes hielo en esa cara mensajera de mil años
arpa y el invierno son tu manos
tan volcánica y fluvial, te mueves
pies de agua, pies de piedra
de ligero paso
como anguila, como lava, vas despacio
entre piedras que se apagan
tiburón wasabi nace y nada

sol en la corriente helada
entre piedras que se apagan
hay un sueño japonés de carpas
que se rompe entre las manos
y unos jarros
que su oscura realidad transportan

un nenúfar
te miraba
un nenúfar
que se hunde
la mirada
que se hunde
remo
remo
lentos años

tu bonsai que crece
tu bonsai que crece

te contempla
diminuta

cuando el astro crisantemo te veía
te hablaba
tú también caías
porque el astro sonreía y lloraba
cuando te despetalaba

arpa y el invierno son tus manos
cuerpo, lumbre y ordalía
en tus ojos cae la nieve
lumbre por tu frente
en tus ojos caen las ascuas
lumbre por tu frente
se revelan en las nubes pavorreales
en tus ojos cae la nieve
se descubren los dibujos del cerillo
los dibujos del hollín allá en la cueva
yo te vi trenzarte el pelo, yo te vi correr en el
        incendio!
yo te vi pintando con ceniza roja tus caballos!
y el verdín de la pendiente
y el oscuro caminar de los castillos

tienes fríos los labios
y esa boca que me sabe a sal de muchos días

y esa boca que me sabe a sal de muchos días

trae cigarro de impecables fantasías
manos ceramistas
y los dedos húmedos de arcilla
y en la boca
trae cigarro de impecables fantasías
humos fríos
los años
paso a paso
un jarrón de porcelana china

al guardián de las murallas
al guardián de las murallas
lo dejó la guerra
humo, té y tormenta
al guardián de las murallas
lo cercó la niebla
al guardián de las murallas
lo sitiaron piedras
al guardián de las murallas
al guardián de los murallas
lo guardaron, lo asediaron ellas

y los labios los selló el tabaco
y en la boca sal de muchos años

al borde del estero está tu caña
cerca de la caña, rábanos y ajos
tienes ojos de cerillos, tienes ojos de cigarros

en tu cuarto un algo se encendió y se apaga
como un algo que nos mira desde
traes los ojos de cerillos, de cigarros
en tu cuarto un algo se encendió y se apaga
resistiendo días, resistir el sí, no y nada

un nenúfar te miraba absorto
un nenúfar que se hunde en la mirada
que lo hundía
un nenúfar te miraba
que se hunde absorto en la mirada
que se hundía
mirada
con mirada
bajo el remo que lo sumergía

la mirada es el nenúfar
la mirada flota, la mirada hundida
la mirada sumergida
bajo el remo lento de los años

      tú también caías
como astro crisantemo
te veía, te hablaba
sonreía y lloraba
mientras te despetalabas

Drunkard bee, tequila flower!

me dijiste un nombre, pero no te reconozco
que hoy la niebla hace al árbol enemigo
al amigo, al enemigo un solo árbol
te palpé y los años no te habían envejecido
no perdiste átomo y vigor de quien tú eras
pero me emboscaba un par de manos nuevas
catalejo y luego dije que en la niebla no hay
        castigo
y te he recuerdo aquí en tu asiento bajo el sol
        albino
que te disbuja, te dispersa ya como un enjambre
eres Gala atomizada en cualquier libro
como ver un animal que nunca he visto
que hoy soy solo un cuerpo
un almud que cargo en el sobaco
me dijiste: *Drunkard bumblebee, tequila flowers*
tú me viste bostezar casi dormido
un bostezo negro como de asno caído

    tengo sed de sol en las pestañas
un mirar de aljibe perturbado
y otro par de notas que he colgado de un anzuelo
y he pescado hojas en lugar de peces
he tomado la palabra *vaso*
 las palabras derramé por los caminos
aprendí que bailan los retratos cuando no los
    vemos
una ostra se escondió en la arena
una ostra pidió pies y quiso navegar el mundo en
    yate
hoy recuerdo que tus ojos eran pozos donde
    paran a beber zanates
y los sueños y mis rostros tengo muchos
rostros andariegos
muchos rostros de andariego me conforman
sucesivo
   soy
caricatura de mí mismo

que los peces mudos nadan
unas piedras nos hablaron sin decir por dónde
por qué el té se manifiesta en agua
por qué nos alimenta más que la comida, el
        hambre
de ese modo nos revelan a los hombres los
        caminos
un café libresco me gritaba: CALLA!
con la voz de piedra, me gritaba:
CALLA!
y la voz me rebotaba
mientras subo por la calle helada
me comí unas papas
 y esa seta glamorosa del olvido
antes de olvidar, me encontré niño
que me dijo: Habla como el agua calla
infinitas islas, infinitas playas
insensible
círculo de buitre y nada

pie de halcón que cae, no nada!
más que nada, pescador que cae, no pesca
que en las aguas había peces
como estrellas de cristal cortado
un presente que es fugaz y permanente
todo el cielo de fugacidad surcado
tiempo fijo como el tronco
y los frutos, a su vez, entreverados
un exacto proyectil rapaz
 capaz de destruir sin explosiones
y unos ojos que se abren como alas
a mitad del cielo
en la punta de la nube nos llamaba espejo
ve hacia abajo
 las facciones se derriten y se cae el pelo
soñadores, quedan solamente huesos
la langosta viene plaga
a lo lejos, a un halcón la soledad cazaba

silba la tonada y la recuerdo
no soy viejo: poco pelo pero muchos dientes
con los años se va el miedo
como un pez por el drenaje
tengo el cuarto de visitas y la calle
tengo un ciego huésped
mayordomo
tengo frutas verdes en las manos
verdes
transgresoramente verdes
qué redondamente, verdemente
deliciosamente verdes
tengo un ciego reconcomio
tengo un miedo mayordomo
y unas frutas verdes en las manos
 que de verdes
de tan verdes, se pudren

un limón sentado en el mantel
con vértigo precoz se descascara
pero no el limón que solo no se despelleja
en la espera del cuchillo
ya su cáscara se arruga sobre el blanco liso
el limón se mancha, su interior amarga
que su corazón se seca y rueda
pensará la hoja? soñará la rama?
estará pensando en las semillas?
se detiene al borde
y el limón
no brinca

nuestro amigo, el clavadista, se pregunta
si eso al fondo de la alberca es una herida
si eso al fondo de la herida es una perla
si eso al fondo de la perla es un dolor
de muchos años
se pregunta si eso al fondo de sus ojos
son los daños

en los ojos de los locos
las fisuras
en los ojos clavadistas
heliotropos
y los dos paracaídas rotos

iris que resuena
en la mirada de felino
quieta
toda ojos
tu mirada piedra
choca con el gong del cielo

nuestro amigo, el clavadista, se ha soñado
        ahogado entre los cisnes
¿viste ya tu rizo melancólico y tu gorro
¿que te viste en esa nube como copa llena al
        borde
me dijiste que una hiena y yo reíamos juntos
verte es entenderte
y entender el gesto airado de los osos
y las muecas de los sapos
la sonrisa del tlacuache de reojo
verte es entender ese largo gran porqué del largo
        hocico
y el sepuku de los alacranes
y el estoico mirar de camaleones

Hablan las harpías:
Clavadista, dónde estaban hoy tus dientes?
dónde quedan tus amigos?
necesitas dentadura para mordisquear
del ser lo que te falta para saborear la vida
fueron tus anteojos, luego fue la dentadura
y un sonido que hace "clock" al fondo
un sonido que renace, su gotear de sangre
como lágrimas de bagre que se arrastra por el
        lecho legamoso y agrio
tras los cuerpos que se ahogaron en el río de los
        milagros

Andie asked me to recite a poem, morbid
        Lady Lena's poem!
Lady Lena was a bad scupltress with an ugly heart
        concocted
Fraü: un óvalo que gime y canta
una estrella que las conchas llaman Triste
        Espectadora
por el lecho de su tedio se colaba, desandaba
su calor de pobre estrella recortada
Lady Lena was an awful poor sculptress, with
        an ugly heart surmising
Lady Lena's was an awful bad sculpture
a flat tire and her only hairy heart's desire
see it with your eyes and genius, Lady Lena's
        mind is tedious
and her hand is neither crafty nor too nimble
but she, our common friend, wanted me to write
        the Lady Lena's poem
for a statue, do we, poets, have no class or value?
bronze or marble, Lady Lena was an awful poor
        sculptress, was an awful sad seductress
lots of bronze, and lots of love, Lady Lena's
        sculpture's name was Fraü
"Fraud not fraü, the *d* is missing," said a funny
        German-looking lady,
"This is nothing but a zygote, an unfinished *fraü*,
        a completed work of *fraüd*."
Ground Control to Major Lena

Lady Lena is in the sky with Lucy
Then I laughed and Lady Lena called me twice
    an idiot, clownish faces
Idiot, idiot, write your verses: Fraü: el óvalo que
    gime y canta
Lady Lena's is an awful very darling scuplture
Lady Lena's talent is a carcass for the vultures
Lady Lena que los astros llaman Triste
    Espectadora
una concha inmóvil en el liso mar del cielo
una copa sobre el polvo y la mirada en una mesa
con cuidado la bajaban de la silla
la dejaban chapotear en ese charco que también
    dormía
gato en la saliente
Lady Lena es un diamante resiliente
Lady Lena, tú ni yo jamás pertenecimos a esta
    acera
Lady Lena is waiting in the sky
Lady Lena was with Lucy
and Lucy is in the sky with diamonds

(Lady Lena, en tu impermeable, no te mojará
    la lluvia)

los astrágalos, los óseos ruidos
como dado, como el hado
que tronándose los dedos
ve la bola cuando cae al hoyo justo
de su lleno gozo
de girondas, mondas y lirondas
cementerio lleno de felices animales

Aguas, dice el agua
su gotear de estalactita
quieta y tartamuda
que retumba
que te túmbate tu tumba
que hay felicidad que tumba
que hay felicidad que es tumba

Aguas, dice el agua
alma gata y cachetona
que esta vida
puede ser
la tumba o la tumbona

pero tú eres selva
y eres playa
y una cebra con las rayas verdes

eres mar y toda ojos
eres mar y todo el aire
eres una boca gruesa
cazadora y presa
eres hiedra
bosque y piedra

caminando me encontré tus rastas minerales

esas ramas hacen ruido como secos pájaros sin
      eco
tus pisadas negras sin compás ni tempo
sobre un verde que parece mar se pierden
sobre un verde que parece ahondarse
tras el glauco carro de la lluvia
te distingo
te distingo clara
te distingo alada
no eres, ay, venada!, mi venada
eres cebra y yegua y amazona de ti misma

      y en tu orilla, chapotean los peces

      y en tu playa, nacerán tortugas

sucesivos ojos
sucesivos hitos han marcado el territorio

cada esquina es otra entrada para el teatro
sucesivos ojos
sucesivos
los mojones que han marcado la carrera de los
        perros

sucesivos ojos
sucesivos focos
sucesivos ojos rojos
como focos drogadictos
que en la calle nos saludan
con la mano

sucesivos ojos
sucesivo encuentro
con el vino que escarchó
los días de rojo

sucesivos ojos
tímidos, mortales
subterráneos
como la palabra *uranio*
como la palabra *cráneo*
súbitos y sucesivos dientes

sucesivos ojos
los de mi venada son el mar de noche
o eran dos estanques
donde los martines pescan astros en lugar de
      peces

áulei moi que todo ya se ha dicho muchas veces todo ya se ha dicho todo muchas veces todo ya lo han dicho vez y veces antes la primera vida con su condición ingenua con su condición canina dijo aquel latino que la vida es solo un hombre ver llover es ya llovió decir es recordar un nombre sembrar es resembrar y caminar yo amo solo aquello que mi corazón recuerdo la canción la cuna y un trasunto la laguna un recuerdo de las épocas futuras épica premura dijo un irlandés habrá que epopeyar el día dijo un griego habrá que versionar la valentía releer el laberinto la repetición es el olvido laberintos prefijados en la oscuridad del cuarto caminar recaminar los metros sus subidas sus caídas y las múltiples paredes que besé como una boca yo amo solamente aquello que mi corazón recuerdo la canción y la pianola el mostrador la desbordante cola la cajera el mostrador y la tabaquería española yo te vi medusa y me quedé de piedra un siseo de lenguas unas cámaras brillantes sin afán carnavalesco pueblo que se puebla pueblo de color pasabas por un pueblo disfrazado de raíces pueblo disfrazado con su negro con su blanco procesión de fantasmitas y un caballo masticando las ramitas la memoria es gente y un montón de voz y de sordera cuál estaba viva cuál estaba muerta que vivir es reescribir el barco el círculo y el viaje los rufianes el periplo y el anafre siempre habrá un dublín que se ame y se aborrece un dublín que cambie y un dublín que no se mueve y no se toca yo amo solamente aquello que mi corazón convoca y toca toc la puerta alguien regresando siempre alguien regresando a itaca ítaca no itaca pero antes de la ítaca del traductor fue la del ciego antes era ya la itaca del ancestro que antes antes del acento fueron muchos pero muchos los regresos antes antes de que itaca nos cantara el griego todo estaba ya fijado en metro antes que nombrara el ciego a su odiseo navegaba el *ulises salmón de los regresos* ya lo dijo el rey hebreo vanidad de vanidad que nada es nuevo es mejor aquel que come y sueña que el que tiene insomnio de dinero esa ka se multiplica esa ka que se replica por la esfera que no para de rodar de aburrimiento todo es nuevo todo es nuevo memoriza repitiendo la memoria es el olvido pero habrá que prefijarlo en metro la memoria es gente un montón de voz y de sordera cuál estaba viva cuál estaba muerta mudas propias y a la vez prestadas ranas sobreviven las heladas bámbara bambara se camuflan porque todo nos parece nuevo no se nota lo infinito inconquistado lo infinito tapizado de silencio disfrazado el horizonte recostado en una toalla nos devora con los ojos vivos piedras lagartijas sapos nos olvida con los ojos yertos con sus olas y sus nítidos albatros migración derrota y guerra piel de manos piel de ojeras pies y labios y los ánimos galeotes extranjeros con un idios siempre incompatible una lengua que es barbara una lengua que era bárbara y barbara el cielo bárbaro también azul infierno bárbaro también temido otra vida insigne de termita sepultada en la madera escultural y sepulcral la tiranía no nos mata pero nos espía nos convence cava el hoyo más profundo sin saber por qué la mente se obsesiona no saber qué estar buscando es no encontrar lo que buscaba qué buscaba la batalla es intestina soledad y el cuarto no necesitó una mina soledad es tina para un pez suicida nada sin saber qué pájaro dragón peligro acecha sin saber por qué la flama ni por qué la mecha sin saber por qué se escucha el barbarbar por dentro ni saber por qué se escucha barbarbar afuera bar bar bar que el bárbaro quería cerveza y bar bar bar barabarea un mixólogo o barista en su jardín de vidrio y de madera barbarbar barabarea otro capital hechizo un negocio es siempre expectativa y barbarbar malabarea hay amor que se atraganta y tararea hay amor que malbarata hay amor que enlata hay amor que se abarata hay amor que espera hay amor que pone platos en la mesa hay amor que es una vela hay amor que es una pera hay amor que da la vuelta da la vuelta hay amor que sube en una pata y vuela *alea iacta est* o se echó el dado dicen mulos en la acera dicen pulpos en la red y se agarraron bien las manos se extendieron como red de arañas las palabras eran trampas las palabras y un mosquito son vampiros las palabras son colmillos las palabras son de sangre las palabras son de arena son de un mar las

hilanderas son del aire las palabras son la sal y el
parque las palabras son mercantes las palabras son
atlantes que sostienen los planetas las palabras son
estrellas son cerillos que nos hacen encontrar ca-
mino pan el pan y el trigo es trigo luego el mar es
vino ya lo dijo el griego tienes ojos de color marino
y no es azul es negro negro de tus iris negros y tu
cuerpo gavia y yo el gaviero por tus ojos voy como
un velero por tus ojos negros yo te vi la luz cru-
zando el hielo yo te veo la noche que escalaba el
cielo y no era azul de negro te vestiste de tus ojos
negros nos dijimos yo te quiero como el faro al mar
y como el barco al faro y como el mar al tiempo
qué es el puerto al tiempo no le importa el barco al
faro no le importa el tiempo luego al mar el faro
qué le importa y entre versos persiguiéndose la cola
mal traduzco que ojalá fuera tu peplo y te vistiera
que ojalá perfume fuera para que con él te ungieras
vi tu cuerpo blanco de gaviotas peregrinas las pu-
pilas entre las constelaciones irse hasta la estrella
que se llama Betelgeuse y hasta allá ya no nos al-
canzó la vista

Una breve descripción de personaje

Essaú Landa Sánchez Demariana (Ciudad de México, 1991) estudia Letras Clásicas en la Universidad Autónoma de México —antropólogo de lengua, arqueólogo de diccionarios, diletante de la Historia y los idiomas— para hacer sus esculturas de palabras (que ojalá resistan el ardiente tactactac del segundero como el hormigón de los romanos, que ojalá revelen los distintos tonos del color como la otra forma de inventarse el vidrio). Es autor de *Ciudad Graffiti Animal de Polvo* (OXEDA/Nueva York Poetry Press 2022) y *En uno u otro plano ha muerto Kafka* (OXEDA 2023).

WILD MUSEUM
MUSEO SALVAJE
Latin American Poetry Collection
Homage to Olga Orozco (Argentina)

1
La imperfección del deseo
Adrián Cadavid (Colombia)

2
La sal de la locura / Le Sel de la folie
Fredy Yezzed (Colombia)

3
El idioma de los parques / The Language of the Parks
Marisa Russo (Argentina)

4
Los días de Ellwood
Manuel Adrián López (Cuba)

5
Los dictados del mar
William Velásquez Vásquez (Costa Rica)

6
Paisaje nihilista
Susan Campos Fonseca (Costa Rica)

7
La doncella sin manos
Magdalena Camargo Lemieszek (Panama)

8
Disidencia
Katherine Medina Rondón (Peru)

9
Danza de cuatro brazos
Silvia Siller (Mexico)

10
Carta de las mujeres de este país /
Letter from the Women of this Country
Fredy Yezzed (Colombia)

11
El año de la necesidad
Juan Carlos Olivas (Costa Rica)

12
El país de las palabras rotas / The Land of Broken Words
Juan Esteban Londoño (Colombia)

13
Versos vagabundos
Milton Fernández (Uruguay)

14
Cerrar una ciudad
Santiago Grijalva (Ecuador)

15
El rumor de las cosas
Linda Morales Caballero (Perú)

16
La canción que me salva / The Song that Saves Me
Sergio Geese (Argentina)

17
El nombre del alba
Juan Suárez (Ecuador)

18
Tarde en Manhattan
Karla Coreas (El Salvador)

19
Un cuerpo negro / A Black Body
Lubi Prates (Brasil)

20
Sin lengua y otras imposibilidades dramáticas
Ely Rosa Zamora (Venezuela)

21
El diario inédito del filósofo vienés Ludwig Wittgenstein /
Le Journal Inédit Du Philosophe Viennois Ludwig Wittgenstein
Fredy Yezzed (Colombia)

22
El rastro de la grulla / The Crane's Trail
Monthia Sancho (Costa Rica)

23
Un árbol cruza la ciudad / A Tree Crossing The City
Miguel Ángel Zapata (Peru)

24
Las semillas del Muntú
Ashanti Dinah (Colombia)

25
Paracaidistas de Checoslovaquia
Eduardo Bechara Navratilova (Colombia)

26
Este permanecer en la tierra
Angélica Hoyos Guzmán (Colombia)

27
Tocadiscos
William Velásquez (Costa Rica)

28
De cómo las aves pronuncian su dalia frente al cardo /
How the Birds Pronounce Their Dahlia Facing the Thistle
Francisco Trejo (Mexico)

29
El escondite de los plagios / The Hideaway of Plagiarism
Luis Alberto Ambroggio (Argentina)

30
Quiero morir en la belleza de un lirio /
I Want to Die of the Beauty of a Lily
Francisco de Asís Fernández (Nicaragua)

31
La muerte tiene los días contados
Mario Meléndez (Chile)

32
Sueño del insomnio / Dream of Insomnia
Isaac Goldemberg (Perú)

33
La tempestad / The tempest
Francisco de Asís Fernández (Nicaragua)

34
Fiebre
Amarú Vanegas (Venezuela)

35
*63 poemas de amor a mi Simonetta Vespucci /
63 Love Poems to My Simonetta Vespucci*
Francisco de Asís Fernández (Nicaragua)

36
Es polvo, es sombra, es nada
Mía Gallegos (Costa Rica)

37
Luminiscencia
Sebastián Miranda Brenes (Costa Rica)

38
Un animal el viento
William Velásquez (Costa Rica)

39
Historias del cielo / Heaven Stories
María Rosa Lojo (Argentina)

40
Pájaro mudo
Gustavo Arroyo (Costa Rica)

41
Conversación con Dylan Thomas
Waldo Leyva (Cuba)

42
Ciudad Gótica
Sean Salas (Costa Rica)

43
Salvo la sombra
Sofía Castillón (Argentina)

44
Prometeo encadenado / Prometheus Bound
Miguel Falquez Certain (Colombia)

45
Fosario
Carlos Villalobos (Costa Rica)

46
Theresia
Odeth Osorio Orduña (Mexico)

47
El cielo de la granja de sueños / Heaven's Garden of Dreams
Francisco de Asís Fernández (Nicaragua)

48
hombre de américa / man of the americas
Gustavo Gac-Artigas (Chile)

49
Reino de palabras / Kingdom of Words
Gloria Gabuardi (Nicaragua)

50
Almas que buscan cuerpo
María Palitachi (Dominican Republic)

51
Argolis
Roger Santivañez (Peru)

52
Como la muerte de una vela
Héctor Geager (United States/Dominican Rep.)

53
El canto de los pájaros / Birdsong
Francisco de Asís Fernández (Nicaragua)

54
El jardinero efímero
Pedro López Adorno (Puerto Rico)

55
The Fish o la otra Oda para la Urna Griega
Essaú Landa (Mexico)

56
Palabrero
Jesús Botaro (Venezuela)

57
Murmullos del observador
Hector Geager (United States/Dominican Rep.)

POETRY
COLLECTIONS

ADJOINING WALL
PARED CONTIGUA
Spaniard Poetry
Homage to María Victoria Atencia (Spain)

BARRACKS
CUARTEL
Poetry Awards
Homage to Clemencia Tariffa (Colombia)

CROSSING WATERS
CRUZANDO EL AGUA
Poetry in Translation (English to Spanish)
Homage to Sylvia Plath (United States)

DREAM EVE
VÍSPERA DEL SUEÑO
Hispanic American Poetry in USA
Homage to Aida Cartagena Portalatin (Dominican Republic)

FIRE'S JOURNEY
TRÁNSITO DE FUEGO
Central American and Mexican Poetry
Homage to Eunice Odio (Costa Rica)

INTO MY GARDEN
English Poetry
Homage to Emily Dickinson (United States)

I SURVIVE
SOBREVIVO
Social Poetry
Homage to Claribel Alegría (Nicaragua)

LIPS ON FIRE
LABIOS EN LLAMAS
Opera Prima
Homage to Lydia Dávila (Ecuador)

LIVE FIRE
VIVO FUEGO
Essential Ibero American Poetry
Homage to Concha Urquiza (Mexico)

FEVERISH MEMORY
MEMORIA DE LA FIEBRE
Feminist Poetry
Homage to Carilda Oliver Labra (Cuba)

REVERSE KINGDOM
REINO DEL REVÉS
Children's Poetry
Homage to María Elena Walsh (Argentina)

STONE OF MADNESS
PIEDRA DE LA LOCURA
Personal Anthologies
Homage to Julia de Burgos (Argentina)

TWENTY FURROWS
VEINTE SURCOS
Collective Works
Homage to Julia de Burgos (Puerto Rico)

VOICES PROJECT
PROYECTO VOCES
María Farazdel (Palitachi)

OTHER COLLECTIONS

Fiction
INCENDIARY
INCENDIARIO
Homage to Beatriz Guido (Argentina)

Children's Fiction
KNITTING THE ROUND
TEJER LA RONDA
Homage to Gabriela Mistral (Chile)

Drama
MOVING
MUDANZA
Homage to Elena Garro (Mexico)

Essay
SOUTH
SUR
Homage to Victoria Ocampo (Argentina)

Non-Fiction/Other Discourses
BREAK-UP
DESARTICULACIONES
Homage to Sylvia Molloy (Argentina)

Para los que piensan, como Olga Orozco, que "esto [es] una gran parte de lo que yo llamaba mi naturaleza interior", este libro se terminó de imprimir en septiembre de 2023, en los Estados Unidos de América.

www.ingramcontent.com/pod-product-compliance
Lightning Source LLC
Chambersburg PA
CBHW030118170426
43198CB00009B/658